edition chrismon

Kinder lieben seine Zeichnungen: Der 1949 in Varel geborene **Pieter Kunstreich** ist ein hochgeschätzter Illustrator in der Kinder- und Jugendbuchszene. Vor allem seine Tierfiguren ermöglichen Kindern einen humorvollen Blick auf die ach so ernste Moral der Erwachsenen.

Das volkstümlich überlieferte Märchen **„Der Hase und der Igel“** wurde erstmals 1840 auf Plattdeutsch von Wilhelm Schröder aufgezeichnet. 1843 nahmen es die Brüder Grimm in die 5. Auflage ihrer Kinder- und Hausmärchen auf.

Bibliografische Information der Deutschen Nationalbibliothek.
Die Deutsche Nationalbibliothek verzeichnet diese Publikation in der Deutschen Nationalbibliografie; detaillierte bibliografische Daten sind im Internet über http://dnb.d-nb.de abrufbar.

Redaktion
Elke Rutzenhöfer, Constanze Grimm

Illustrationen
Pieter Kunstreich

Gestaltung
Kristin Kamprad,
Hansisches Druck- und Verlagshaus GmbH

Druck und Bindung
GCC Grafisches Centrum Cuno GmbH & Co. KG

Printed in Germany
ISBN 978-3-86921-262-3

Der Hase und der Igel

Eine Fabel nach den Brüdern Grimm

Mit Bildern von Pieter Kunstreich

edition chrismon

Diese Geschichte ist eigentlich gelogen, Kinder.
Aber wahr ist sie doch. Denn mein Großvater, von dem ich sie habe, sagte immer, wenn er sie erzählte: „Wahr muss sie sein, mein Kind, sonst könnte man sie ja nicht erzählen."
Die Geschichte hat sich so zugetragen:

Es war an einem Sonntagmorgen im Herbst. Der Buchweizen blühte gerade, und die Sonne war hell am Himmel aufgegangen, und der Morgenwind strich warm über die Stoppeln. Die Lerchen sangen hoch in der Luft, und die Bienen summten im Buchweizen. Die Leute gingen in ihrem Sonntagsstaat zur Kirche, und alle Geschöpfe waren vergnügt. Auch der Igel.

Er stand vor seiner Tür, hatte die Arme verschränkt, guckte dabei in den Morgenwind hinaus und brummelte ein kleines Liedchen vor sich hin. So gut und so schlecht, wie am lieben Sonntagmorgen ein Igel eben zu singen pflegt.

Während er nun so vor sich hin sang, fiel ihm plötzlich ein, er könnte doch – während seine Frau die Kinder wusch und anzog – ein bisschen im Feld spazieren gehen und nachsehen, wie die Steckrüben standen. Die Steckrüben waren ganz nah bei seinem Haus, und er pflegte sie mit seiner Familie zu essen. Darum sah er sie auch als seine an.

Gedacht, getan. Er schloss die Haustür hinter sich und schlug den Weg zum Feld ein. Er war noch nicht sehr weit und wollte gerade um den Schlehenbusch herum, der vor dem Feld stand, als er den Hasen erblickte. Der war in ähnlichen Geschäften ausgegangen, nämlich um seinen Kohl zu besehen. Als der Igel den Hasen sah, wünschte er ihm freundlich einen guten Morgen.

Der Hase aber, der auf seine Weise ein vornehmer Herr war und grausam hochmütig noch dazu, antwortete gar nicht auf des Igels Gruß, sondern sagte mit höhnischer Miene: „Wie kommt es, dass du hier schon am frühen Morgen im Feld herumläufst?“

„Ich gehe spazieren“, sagte der Igel.

„Spazieren?“, lachte der Hase.

„Du könntest deine Beine wohl zu besseren Dingen gebrauchen.“

Diese Antwort verdross den Igel ungeheuer. Alles kann er vertragen, aber auf seine Beine lässt er nichts kommen. Gerade weil sie von Natur aus krumm sind. „Du bildest dir wohl ein, du könntest mit deinen Beinen mehr ausrichten?“, sagte der Igel zum Hasen.
„Das will ich meinen“, sagte der Hase.
„Nun, das kommt auf einen Versuch an“, meinte der Igel. „Ich wette, wenn wir um die Wette laufen, dann lauf ich schneller als du.“
„Du? Mit deinen schiefen Beinen?“, sagte der Hase. „Das ist ja zum Lachen. Aber wenn du so große Lust hast – was gilt die Wette?“
„Einen goldenen Taler und eine Flasche Branntwein“, sagte der Igel.
„Angenommen“, sagte der Hase, „schlag ein, und dann kann es gleich losgehen.“
„Nein, so große Eile hat es nicht“, meinte der Igel, „ich hab’ noch gar nichts gegessen; erst will ich nach Hause gehen und ein bisschen was frühstücken. In einer Stunde bin ich wieder hier.“

Damit ging er, und der Hase war zufrieden. Unterwegs aber dachte der Igel bei sich: Der Hase verlässt sich auf seine langen Beine, aber ich will ihn schon kriegen. Er ist zwar ein vornehmer Herr, aber doch ein dummer Kerl, und das soll er bezahlen.
Als er nun nach Hause kam, sagte er zu seiner Frau: „Frau, zieh dich an! Du musst mit mir ins Feld hinaus.“ „Was gibt es denn?“, fragte die Frau. „Ich habe mit dem Hasen um einen goldenen Taler und eine Flasche Branntwein gewettet, dass ich mit ihm um die Wette laufen will. Und da sollst du dabei sein.“

„Oh mein Gott, Mann“, fing die Frau zu schreien an, „hast du denn ganz den Verstand verloren? Wie willst du mit dem Hasen um die Wette laufen?“ „Bleib ruhig, Frau“, sagte der Igel, „das ist meine Sache. Misch dich nicht in Männergeschäfte. Marsch, zieh dich an – und komm mit!“ Was sollte also die Frau des Igels tun? Sie musste gehorchen. Ob sie wollte oder nicht.

Als sie miteinander unterwegs waren, sprach der Igel zu seiner Frau: „Nun pass auf, was ich dir sage. Dort auf dem langen Acker will ich unseren Wettlauf machen. Der Hase läuft in einer Furche und ich in der anderen, und dort oben fangen wir an. Du hast nun weiter nichts zu tun, als dass du dich hier unten in die Furche stellst, und wenn der Hase in seiner Furche daherkommt, so rufst du ihm entgegen: ‚Ich bin schon da!'“ So kamen sie zu dem Acker. Der Igel wies seiner Frau ihren Platz an und ging den Acker hinauf.

Als er oben ankam, war der Hase schon da. „Kann es losgehen?“, fragte er. „Jawohl“, erwiderte der Igel. „Dann nur zu.“ Damit stellte sich jeder in seine Furche.

Der Hase zählte: „Eins, zwei, drei!“ – und los rannte er wie ein Sturmwind den Acker hinunter. Der Igel aber lief nur etwa drei Schritte, dann duckte er sich in die Furche hinein und blieb ruhig sitzen.

Als der Hase nun im vollen Lauf unten am Acker ankam, rief ihm die Frau des Igels entgegen: „Ich bin schon da!“
Der Hase war nicht wenig erstaunt, glaubte er doch nichts anderes, als dass er den Igel selbst vor sich hatte. Bekanntlich sieht die Frau Igel genauso aus wie ihr Mann.

„Das geht nicht mit rechten Dingen zu!", rief er. „Noch einmal gelaufen, in die andere Richtung!"
Und los ging es wieder wie ein Sturmwind, dass ihm die Ohren am Kopfe flogen. Die Frau des Igels aber drehte sich um, um sich wieder an ihren Platz zu setzen.

Und als der Hase oben ankam, rief ihm der Herr Igel entgegen: „Ich bin schon da!“ Der Hase war ganz außer sich vor Ärger und schrie: „Noch einmal gelaufen, noch einmal herum!“

„Meinetwegen“, gab der Igel zurück. „Sooft du Lust hast.“

So lief der Hase dreiundsiebzigmal, und der Igel hielt immer mit. Und jedes Mal, wenn der Hase oben oder unten am Ziel ankam, sagte der Igel oder seine Frau: „Ich bin schon da.“

Beim vierundsiebzigsten Male aber kam der Hase nicht mehr ans Ziel. Mitten auf dem Acker stürzte er zu Boden. Und blieb völlig erschöpft liegen.

Der Igel aber nahm seinen gewonnenen Goldtaler und die Flasche Branntwein, rief seine Frau von ihrem Platz am Ende der Furche, und vergnügt gingen beide nach Hause.
Und wenn sie nicht gestorben sind, leben sie noch heute.
So geschah es, dass auf der Buxtehuder Heide der Igel seinen Wettlauf mit dem Hasen gewonnen hat. Und seit jener Zeit hat kein Hase mehr gewagt, mit dem Buxtehuder Igel um die Wette zu laufen.

Die Lehre aus dieser Geschichte aber ist erstens, dass sich keiner, und wenn er sich auch noch so vornehm dünkt, einfallen lassen soll, sich über einen kleinen Mann lustig zu machen, und wäre es auch nur ein Igel. Und zweitens, dass es gut ist, wenn einer heiratet, dass er sich eine Frau von seinem Stand nimmt, die geradeso aussieht wie er. Wer also ein Igel ist, der muss darauf achten, dass auch seine Frau ein Igel ist.